中国城市轨道交通协会职业技能标准

城市轨道交通变电检修工

中国城市轨道交通协会　发布

图书在版编目(CIP)数据

城市轨道交通变电检修工/中国城市轨道交通协会编制．—北京：中国铁道出版社，2018.1
(中国城市轨道交通协会职业技能标准)
ISBN 978-7-113-23713-4

Ⅰ.①城… Ⅱ.①中… Ⅲ.①城市铁路-轨道交通-变电所-检修-职业培训-教材 Ⅳ.①U239.5

中国版本图书馆 CIP 数据核字(2017)第 206721 号

书　　名：中国城市轨道交通协会职业技能标准
城市轨道交通变电检修工
作　　者：中国城市轨道交通协会

责任编辑：徐　艳　　　**协会电话**：010-51289099-823
封面设计：王镜夷
责任校对：苗　丹
责任印制：高春晓

出版发行：中国铁道出版社(100054，北京市西城区右安门西街 8 号)
网　　址：http://www.tdpress.com
印　　刷：北京铭成印刷有限公司
版　　次：2018 年 1 月第 1 版　2018 年 1 月第 1 次印刷
开　　本：850 mm×1 168 mm　1/32　印张：2.5　字数：46 千
书　　号：ISBN 978-7-113-23713-4
定　　价：20.00 元

关于颁发《城市轨道交通信号工》等第一批8个工种职业技能标准的通知

各有关单位：

为满足城轨交通企业生产经营、人力资源管理，满足城轨交通职业教育培训和职业技能鉴定需要，协会根据国家发改委、教育部、人社部《关于加强城市轨道交通人才建设的指导意见》（发改基础〔2017〕74号）精神，依据《中华人民共和国职业分类大典（2015年版）》、《国家职业技能标准编制规程》的有关规定，结合我国城轨交通实际，组织编制了《城市轨道交通信号工》等第一批8个工种的职业技能标准，业已审定，现颁发试行。试行过程中，将根据实际需要及时进行修订。

《城市轨道交通信号工》等第一批8个工种职业技能标准目录见附件。

中国城市轨道交通协会

二〇一七年十月二十日

附件：

工种目录

1. 城市轨道交通信号工
2. 城市轨道交通线路工
3. 城市轨道交通接触网(轨)检修工
4. 城市轨道交通变电检修工
5. 城市轨道交通列车司机
6. 城市轨道交通列车检修工
7. 城市轨道交通服务员
8. 城市轨道交通自动售检票检修工

《中国城市轨道交通协会职业技能标准》编写委员会

主　　任：包叙定

副 主 任：周晓勤　宋敏华　安小芬　谢正光

俞光耀　丁建隆　王　峙　林茂德

余黎康

委　　员：杜晓红　王春玲　丁小学　汪　杨

曾　良　姚汝龙

编写单位：上海申通地铁集团有限公司

北京市地铁运营有限公司

广州地铁集团有限公司

重庆市轨道交通(集团)有限公司

深圳市地铁集团有限公司

中国城市轨道交通协会现代有轨电车分会

《中国城市轨道交通协会职业技能标准》编制说明

为适应我国城轨交通快速发展形势下企业生产经营、人力资源管理的迫切需求，满足城轨交通职业教育培训和职业技能鉴定等需要，中国城市轨道交通协会在国家发展改革委、交通运输部、住建部、人力资源和社会保障部等政府部门的支持和指导下，组织编制了行业急需的《城市轨道交通信号工》等8个工种的职业技能标准为第一批发布。

一、指导思想

依据《中华人民共和国职业分类大典》，在已有国家和行业标准的基础上，从满足急需、填补空白、细化需求出发，按照《国家职业技能标准编制规程》的要求，补充完善行业职业技能标准体系，指导企业建立健全有关规制，为制定年度行业人才培养指南、开展技能水平评价等工作提供支撑。

二、编制原则

1. 科学适用原则。标准体现了城轨交通从业人员的理论知识和操作技能的要求，科学合理，既考虑行业现状，又兼顾技术发展。

2. 可操作性原则。标准着眼于城轨交通行业未来发展，考虑国家、行业、企业的实际情况，既覆盖地铁、轻轨等传统制式，又包含了快速发展的跨座式单轨和有轨电车；既突出该职业当前主流技术、技能的要求，又兼顾不同城市和企业间可能存在的差异，从城轨交通网络化模式下的工种通用性出发，采取大工种的概念，将各家参编单位行之有效的共性标准吸收进来，并关注新运营企业的实际需求，适度超前指导，内容具体，可度量、可检验，便于实施，易于理解。

3. 标准化原则。各项标准文体与术语符合国家最新技术标准，内容结构、表述方法符合《国家职业技能标准编制规程》的要求。

三、编制过程

标准研究与编写工作历时两年，经过启动阶段、初稿阶段、征求意见稿阶段、送审稿阶段以及终审、复核等环节。征求意见阶段，多方听取意见建议，几上几下反复修改完善，得到了主要牵头单位和参与单位的大力支持，直接和间接参与研究编写的专家团队超过百余人。

四、结构与主要内容

标准包括：职业概况、基本要求、工作要求和比重表四部分。

1. 职业概况：职业名称、职业定义、职业等级、职业环境条件、职业能力特征、基本文化程度、培训要求、技能鉴定要求等项内容。

2. 基本要求：职业道德和基础知识两部分内容。

3. 工作要求：职业功能、工作内容、技能要求、相关知识要求四项内容。

4. 比重表：理论知识和操作技能两部分内容。

五、本标准有关说明

1.《城市轨道交通变电检修工》在编制中难免有疏漏之处，望各有关单位随时将执行中的有关问题与协会相关部门沟通。

2.《城市轨道交通变电检修工》由中国城市轨道交通协会负责解释，并自2017年10月20日起执行。

3.《城市轨道交通变电检修工》主要编写人员：宁晓来、梁刚、耿星洁、曾良、黄可、朱秋桓、朱春源、杨航。其中，跨座式单轨部分：马虎、刘炬、赵红伟、韩冰、程小科、方文凯、王林、廖勇。有轨电车部分：仲晓晨、邱慧玉、姚汝龙、李春杰、张灿明、欧阳飞刚、孙兴华、陈元江、滕君超。

目　录

城市轨道交通变电检修工职业技能标准

1 职业概况

1.1 职业名称

城市轨道交通变电检修工。

1.2 职业定义

从事城市轨道交通变电设备监视、操作、维护、检修和故障处理的人员。

1.3 职业等级

本职业共设五个等级，分别为：初级（五级）、中级（四级）、高级（三级）、技师（二级）、高级技师（一级）。

1.4 职业环境

室内、室外，常温，高电压，高空。

1.5 职业能力特征

有获取、理解、分析、判断外界信息的能力；口齿清晰，四肢健全，动作灵活，协调性好；有空间想象及一般计算能力；听力及辨色力正常，无色盲、色弱。

1.6 基本文化程度

高中毕业(或同等学历)。

1.7 培训要求

1.7.1 培训期限

全日制职业学校教育，根据其培养目标和教学计划确定。晋级培训期限：初级不少于 120 标准学时；中级不少于 150 标准学时；高级不少于 180 标准学时；技师不少于 210 标准学时；高级技师不少于 240 标准学时。

1.7.2 培训教师

培训初、中、高级的教师应具有本职业技师及以上职业资格证书或相关专业中级及以上专业技术职务任职资格；培训技师的教师应具有本职业高级技师职业资格证书或相关专业的高级专业技术职务任职资格；培训高级技师的教师应具有本职业高级技师职业资格证书 2 年及以上或本专业的高级专业技术职务任职资格 2 年及以上。

1.7.3 培训场地设备

满足教学需要的标准教室、技能培训基地、演练场或作业现场，有技能培训必要的设备、工具、备品等。理论培训场地应配备投影仪、播放设备。实际操作培训场、演练场或作业现场所应能满足培训要求的场地，且具有相应的设备、工具、备品，通风条件良好，光线充足，安全设施完善。

1.8 鉴定要求

1.8.1 适用对象

从事或准备从事本职业的人员。

1.8.2 申报条件

——初级(五级)

取得中等职业教育毕业证书。

——中级(四级)

在本企业从事本职业工作,并具备以下条件之一者:

(1)取得本职业初级(五级)职业资格证书1年及以上;

(2)取得高等职业教育毕业证书;

(3)具有高中及以上文化程度,且连续从事本职业工作2年及以上;

(4)取得相关职业(工种)中级(四级)职业资格证书,且连续从事本职业工作1年及以上。

——高级(三级)

在本企业从事本职业工作,并具备以下条件之一者:

(1)取得本职业中级(四级)职业资格证书2年及以上;

(2)取得高等教育毕业证书;

(3)取得高等职业教育毕业证书,且连续从事本职业工作3年及以上;

(4)取得相关职业(工种)高级(三级)职业资格证书2年及以上,且连续从事本职业工作3年及以上;

——技师(二级)

(1)具有中等职业教育或高中以上学历,在本企业从事本职业工作,且取得本职业高级(三级)职业资格证书3年及以上;

(2)具有中等职业教育或高中以上学历,长期从事本职业工作,技术领先,具有突出的工作业绩,符合试点企业的破格申报条件,经本人申请、单位推荐,公示通过后,可破格申报技师(二级)。

——高级技师(一级)

(1)具有中等职业教育或高中及以上学历,在本企业从事本职业工作,且取得本职业技师(二级)职业资格证书4年及以上;

(2)具有中等职业教育或高中及以上学历,长期从事本职业工作,技术领先,具有突出的工作业绩,符合试点企业的破格申报条件,经本人申请、单位推荐,公示通过后,可破格申报高级技师(一级)。

1.8.3 鉴定方式

分为理论知识考试和技能操作考核。理论知识考试采用机考或闭卷笔试方式,技能操作考核采用现场实际操作、模拟操作、口试和答辩等方式。理论知识考试和技能操作考核均实行百分制,成绩皆达60分及以上者为合格。技师、高级技师还须进行包含业绩评价和论文答辩等内容的综合评审。

1.8.4 考评人员与考生配比

理论知识考试考评人员与考生配比1∶20,每个标准教室不少于2名考评人员;技能操作考核考评员与考生的配比为1∶20,且不少于3名考评员。综合评审委员为不少于3人的单数。

1.8.5 鉴定时间

理论知识考试时间不少于60 min。技能操作考核时间按实际需要和考核项目确定,原则上不少于30 min。综合评审时间原则上不少于30 min。

1.8.6 鉴定场所设备

理论知识考试在标准教室进行。技能操作考核在职业技能鉴定基地、演练场或作业现场进行,场地条件及工具、量具、仪表、仪器等,应满足实际操作需求,并符合环境保护、劳保、安全等各项要求,可酌情配设辅助操作人员。

2　基本要求

2.1　职业道德

2.1.1 职业道德基本知识

2.1.2 职业守则

(1)遵守法律、法规及各项规章制度等有关规定

(2)爱岗敬业,具有高度的使命感及责任心

(3)钻研业务,开拓创新,努力提高技术文化素质

(4)工作认真负责,具有良好的团队合作精神

(5)严格执行工作程序、工作规范、工作标准和安全操作规程

(6)安全生产,精检细修

(7)爱护设备及工具、仪器、仪表

(8)保持工作环境清洁有序,文明生产

2.2　基础知识

2.2.1 基本知识

(1)直流电路、交流电路及正弦交流电路、电磁感应、功率因数等相关知识。

(2)半导体的主要特性、二极管整流电路、晶闸管基本特性等相关知识。

(3)计算机继电保护装置的基本原理及组成的相关知识。

2.2.2 专业知识

(1)电力系统的概念,变电、配电以及电力线路,电气一次、二次设备的名称、用途,电气图中的文字符号和图形符号,常用电气设备的运行与维护知识,电力系统运行、调度等相关知识。

(2)变压器、整流器、开关柜、高压断路器、隔离开关、避雷器、绝缘材料、母线及电缆等变电所内设备的结构、原理。

(3)电力设备预防性试验标准,电气装置安装工程电气设备交接试验标准,高压试验常用设备的结构及使用方法,各类型试验用仪表、仪器常见故障的处理方法。

(4)继电保护和自动装置的检验标准,常用继电保护的结构、接线、动作原理及调试方法,继保保护试验常用仪器的使用方法,继保保护试验常用仪器常见故障的处理方法,电力系统内各电压等级的继电保护与自动装置的配置情况,继电保护整定计算的概念和原则。

2.2.3 安全、环境和劳动保护知识

(1)文明生产和安全操作相关知识

(2)质量、环境、职业健康安全管理体系相关知识

(3)劳动保护相关知识

2.2.4 相关法律、法规和规章知识

(1)《中华人民共和国劳动法》相关知识

(2)《中华人民共和国安全生产法》相关知识

(3)《中华人民共和国职业病防治法》相关知识

(4)《中华人民共和国交通法》相关知识

(5)《中华人民共和国消防法》相关知识

(6)《地铁设计规范》相关知识

(7)《国家城市轨道交通运营突发事件应急预案》相关知识

(8)《城市轨道交通试运营基本条件》相关知识

(9)《城市轨道交通运营管理规范》相关知识

(10)其他与本职业相关的法律、法规和规章知识

3　工作要求

本标准对初级(五级)、中级(四级)、高级(三级)、技师(二级)、高级技师(一级)的技能要求依次递进,高级别涵盖低级别的要求。

3.1　初级(五级)

职业功能	工作内容	技能要求	相关知识
1 设备运行监视	1.1 电气设备监视	1.1.1 能完成变电所一次设备、所用电、直流电等系统电气设备的监视	1.1.1 各种记录的作用、填写的内容和要求 1.1.2 集中监控系统的作用 1.1.3 各设备信息查阅界面 1.1.4 各种常用电工仪表作用 1.1.5 绝缘监察装置的作用
2 设备巡检	2.1 变压器巡检	2.1.1 能进行变压器的温度及温升检查 2.1.2 能进行变压器的过负荷情况检查	2.1.1 变压器的结构及原理 2.1.2 变压器的允许运行方式

续上表

职业功能	工作内容	技能要求	相关知识
2 设备巡检	2.1 变压器巡检	2.1.3 能进行变压器的冷却装置检查 2.1.4 能进行变压器的设备正常状态辩识及设备信息查阅	2.1.3 变压器的冷却方式 2.1.4 变压器的检查项目 2.1.5 信息查阅界面操作
	2.2 断路器、隔离开关巡检	2.2.1 能进行断路器送电前的检查 2.2.2 能对运行中的断路器进行巡检 2.2.3 能对运行中的隔离开关进行巡检 2.2.4 能进行断路器、隔离开关的设备正常状态辩识及设备信息查阅	2.2.1 电弧熄灭原理 2.2.2 断路器、隔离开关的种类和各种断路器、隔离开关的基本结构 2.2.3 断路器、隔离开关的参数 2.2.4 监视断路器、隔离开关信息查阅界面操作
	2.3 整流器巡检	2.3.1 能进行整流器的温度检查 2.3.2 能进行整流器的负荷情况检查 2.3.3 能进行整流器的设备正常状态辩识及设备信息查阅	2.3.1 整流器的结构及原理 2.3.2 整流器的允许运行方式 2.3.3 信息查阅界面操作

续上表

职业功能	工作内容	技能要求	相关知识
2 设备巡检	2.4 屏柜巡检	2.4.1 能看懂设备配置图 2.4.2 能看懂屏柜的屏面布置图 2.4.3 能完成本所一次设备、所用电、直流电等系统电气设备的监视 2.4.4 能抄录有关测量仪表的数据	2.4.1 变配电屏柜二次回路图 2.4.2 变配电屏柜一次接线图 2.4.3 测量仪表的布置 2.4.4 各种测量仪表的结构及原理
3 设备倒闸操作	3.1 倒闸记录填写	3.1.1 能准确地理解并按调度命令填写倒闸记录 3.1.2 能发现调度命令中的问题并及时处理	3.1.1 倒闸记录填写规定和填写内容 3.1.2 倒闸操作的原则 3.1.3 运行方式的定义
	3.2 停送电操作	3.2.1 能在监护人监护下进行倒闸操作 3.2.2 能发现操作过程中的问题并及时处理	3.2.1 倒闸操作的原则 3.2.2 倒闸操作的技术要领 3.2.3 倒闸操作的程序 3.2.4 运行方式的定义

续上表

职业功能	工作内容	技能要求	相关知识
4 设备检修	4.1 辅助检修	4.1.1 能布置、恢复检修安全措施 4.1.2 能辅助设备检修 4.1.3 能填写检修台账	4.1.1 安全措施布置原则 4.1.2 检修工艺的技术要领 4.1.3 检修作业流程 4.1.4 检修台账的作用、填写的内容和要求
	4.2 常用工具仪器使用	4.2.1 能使用基础电工工具 4.2.2 能使用万用表等常用仪器	4.2.1 常用工具仪器的作用 4.2.2 常用工具仪器的使用方法
5 设备故障处理	5.1 设备故障信息收集	5.1.1 能收集设备信息、数据 5.1.2 能查阅设备定值	5.1.1 各设备信息查阅界面 5.1.2 各信息、数据的含义
	5.2 故障设备应急处理	5.2.1 能保护设备故障现场 5.2.2 能汇报故障情况 5.2.3 能处理常见故障	5.2.1 故障处理的原则 5.2.2 故障处理的技术要领 5.2.3 故障处理的流程

3.2 中级(四级)

职业功能	工作内容	技能要求	相关知识
1 设备检修	1.1 变压器检修	1.1.1 能进行变压器维护保养 1.1.2 能进行变压器非电量保护功能测试	1.1.1 变压器维护保养的方法 1.1.2 变压器非电量保护功能测试的方法
	1.2 断路器、隔离开关检修	1.2.1 能进行断路器、隔离开关维护保养 1.2.2 能进行断路器、隔离开关功能测试	1.2.1 断路器、隔离开关维护保养的方法 1.2.2 断路器、隔离开关功能测试的方法
	1.3 整流器检修	1.3.1 能进行整流器维护保养 1.3.2 能进行整流器功能测试	1.3.1 整流器维护保养的方法 1.3.2 整流器功能测试的方法
	1.4 屏柜检修	1.4.1 能进行设备屏柜维护保养 1.4.2 能进行设备屏柜功能测试	1.4.1 设备屏柜维护保养的方法 1.4.2 设备屏柜功能测试的方法
2 电气试验	2.1 绝缘电阻测量	2.1.1 能使用绝缘电阻表测量电气设备绝缘电阻	2.1.1 绝缘电阻表的使用方法
	2.2 直流电阻测量	2.2.1 能使用直流电阻测试仪测量变压器直流电阻、回路电阻	2.2.1 直流电阻测试仪的使用方法

续上表

职业功能	工作内容	技能要求	相关知识
2 电气试验	2.3 气体绝缘金属封闭式组合开关柜设备测量、微水测量	2.3.1 能使用压力表测量气体绝缘金属封闭式组合开关柜气室压力 2.3.2 能使用微水测试仪测量气体绝缘金属封闭式组合开关柜气体含水量	2.3.1 压力表测量气体绝缘金属封闭式组合开关柜气室压力的方法 2.3.2 微水测试仪测量气体绝缘金属封闭式组合开关柜气体含水量的方法
	2.4 接地电阻测量	2.4.1 能使用接地测试仪测试接地电阻	2.4.1 接地测试仪测试接地电阻的方法
3 继电保护检验	3.1 电流型、电压型保护检验	3.1.1 能使用继电保护测试仪测试简单电流型、电压型保护	3.1.1 继电保护测试仪测试电流型、电压型保护的方法
	3.2 非电量保护检验	3.2.1 能使用温度、压力等测试仪器检验非电量保护	3.2.1 温度、压力等测试仪器检验非电量保护的方法
4 设备故障处理	4.1 变压器故障处理	4.1.1 能处理超温报警故障情况 4.1.2 能处理超温跳闸故障情况	4.1.1 变压器运行要求、温升原因分析及动作后故障的查找 4.1.2 变压器故障的试验项目和方法 4.1.3 变压器故障的分析方法

续上表

职业功能	工作内容	技能要求	相关知识
4 设备故障处理	4.2 断路器、隔离开关故障处理	4.2.1 能处理断路器、隔离开关拒绝分、合闸故障 4.2.2 能处理断路器、隔离开关电机故障	4.2.1 断路器、隔离开关的用途和基本结构 4.2.2 断路器、隔离开关故障的处理方法
	4.3 整流器故障处理	4.3.1 能处理整流器逆流保护故障 4.3.2 能处理整流器熔断器熔断故障 4.3.3 能处理整流器交直流侧过电压故障 4.3.4 能处理整流器超温故障	4.3.1 整流器的用途和基本结构 4.3.2 三相桥式整流原理 4.3.3 整流器故障的处理方法
	4.4 设备屏柜	4.4.1 能处理设备屏柜元件故障 4.4.2 能处理设备屏柜二次绝缘故障	4.4.1 设备屏柜元件用途和基本结构 4.4.2 绝缘监察装置的接线方式及原理 4.4.3 设备屏柜故障处理方法
5 检修数据计算填写	5.1 数据计算	5.1.1 能对试验记录进行换算 5.1.2 能对检修结果参照规程及历次结果进行比较	5.1.1 相关计算公式 5.1.2 相应检修项目数据量纲

续上表

职业功能	工作内容	技能要求	相关知识
5 检修数据计算填写	5.2 报告填写	5.2.1 能正确记录相应项目的试验数据 5.2.2 能填写检修报告	5.2.1 相应检修项目数据量纲 5.2.2 试验性质分类及相应项目 5.2.3 办公自动化软件基本知识

3.3 高级(三级)

职业功能	工作内容	技能要求	相关知识
1 电气试验	1.1 交流耐压试验	1.1.1 能使用试验变压器串级法进行电气设备工频耐压试验	1.1.1 调压器、试验变压器及分压器的使用方法 1.1.2 试验回路保护基本配置 1.1.3 被试设备工频耐压水平
	1.2 直流耐压与泄漏测量	1.2.1 能使用直流高压发生器对电气设备进行直流耐压及泄漏电流测量	1.2.1 直流高压发生器的使用方法 1.2.2 试验回路保护基本配置 1.2.3 被试设备工频耐压标准

续上表

职业功能	工作内容	技能要求	相关知识
2 继电保护检验	2.1 电流型、电压型保护检验	2.1.1 能使用继电保护测试仪测试电流型、电压型保护	2.1.1 继电保护测试仪测试电流型、电压型保护的方法 2.1.2 电流型、电压型保护的原理
	2.2 电流型、电压型保护定值修改	2.2.1 能修改电流型、电压型保护的定值	2.2.1 电流型、电压型保护定值整定的原则 2.2.2 电流型、电压型保护定值整定的基本方法
3 设备故障处理	3.1 变压器故障处理	3.1.1 能处理变压器放电故障 3.1.2 能进行变压器绝缘不良的故障处理	3.1.1 变压器放电故障的查找方法 3.1.2 变压器故障的试验项目和方法 3.1.3 变压器故障的分析方法
	3.2 断路器、隔离开关机械故障处理	3.2.1 能处理断路器、隔离开关传动部件故障 3.2.2 能处理断路器自动分闸及自动合闸故障	3.2.1 断路器、隔离开关传动机构工作原理 3.2.2 断路器、隔离开关故障的处理方法

续上表

职业功能	工作内容	技能要求	相关知识
3 设备故障处理	3.3 气体绝缘金属封闭式组合开关柜故障处理	3.3.1 能处理气体绝缘金属封闭式组合开关柜绝缘气室漏气故障 3.3.2 能回收和灌充气体绝缘金属封闭式组合开关柜绝缘气体	3.3.1 绝缘气体的特性 3.3.2 气室结构 3.3.3 绝缘气体泄漏测试方法 3.3.4 气体绝缘金属封闭式组合开关柜故障处理相关仪器的使用方法
4 检修数据分析与报告编制	4.1 数据分析	4.1.1 能对试验结果统计分析 4.1.2 能对检修结果做出正确结论	4.1.1 电力设备预防性试验标准 4.1.2 电气装置安装工程电气设备交接试验标准
	4.2 报告编制	4.2.1 能编制各类设备的小、中修检修报告	4.2.1 试验报告的编写要求

3.4 技师(二级)

职业功能	工作内容	技能要求	相关知识
1 设备故障处理	1.1 复杂故障处理	1.1.1 能对变电所发生的综合类故障进行处理 1.1.2 能对复杂故障进行深入分析，并编制分析报告，提出改进方案	1.1.1 有关本专业的综合知识

续上表

职业功能	工作内容	技能要求	相关知识
2 技术管理	2.1 技术方案编制	2.1.1 能编制复杂试验与调试方案 2.1.2 能编制新型电气设备试验方案 2.1.3 能编制设备故障诊断试验方案	2.1.1 电力系统及其自动化知识 2.1.2 安全生产管理条例 2.1.3 电力设备预防性试验标准 2.1.4 电气装置安装工程电气设备交接试验标准
	2.2 技术管理	2.2.1 能编制各种技术图表 2.2.2 能制定并实施反事故的技术措施	2.2.1 办公软件使用方法 2.2.2 相关国家安全规范
	2.3 大型施工作业	2.3.1 能协调人员和准备材料 2.3.2 能组织实施大型施工作业	2.3.1 施工方案的相关内容 2.3.2 施工机具、材料运用
	2.4 技术攻关	2.4.1 能分析疑难故障 2.4.2 能开展疑难故障的攻关 2.4.3 能改进疑难故障的处理方法	2.4.1 有关本专业的综合知识 2.4.2 熟悉 QC 攻关的方法

续上表

职业功能	工作内容	技能要求	相关知识
3 培训与指导	3.1 技能培训	3.1.1 能对高级及以下变电检修工进行安全、技术培训 3.1.2 能编写培训讲义	3.1.1 培训计划与教案的编写方法
	3.2 业务指导	3.2.1 能解决现场试验过程中的问题，提出相应处理方法。 3.2.2 能对高级及以下变电检修工进行安全、技术指导	3.2.1 试验结果分析方法 3.2.2 电力设备预防性试验标准 3.2.3 电气装置安装工程电气设备交接试验标准 3.2.4 有关本专业的综合知识

3.5　高级技师（一级）

职业功能	工作内容	技能要求	相关知识
1 设备验收与交接	1.1 设备验收	1.1.1 能参与设备图纸、资料的验收 1.1.2 能参与大修后或新设备的质量验收工作	1.1.1 设备验收的相关知识 1.1.2 各种新型设备的工作原理和结构

续上表

职业功能	工作内容	技能要求	相关知识
1 设备验收与交接	1.2 设备交接	1.2.1 能编写设备交接试验方案 1.2.2 能参与大修后或新设备的交接试验工作 1.2.3 能编写大修的试验报告	1.2.1 电气试验的接线方法 1.2.2 有关电气试验和验收规程的内容 1.2.3 大修试验报告的编写要求
2 技术管理	2.1 设备维护、试验方法改进	2.1.1 能对设备维护进行工艺、材料及功能改进 2.1.2 能提出新的测试方法	2.1.1 新工艺知识 2.1.2 新材料知识
	2.2 设备技术研究	2.2.1 能掌握技术发展趋势 2.2.2 能研究技术发展 2.2.3 能推广新设备应用	2.2.1 新技术知识 2.2.2 国内外相关信息
3 培训与指导	3.1 技能培训	3.1.1 能进行新技术、新工艺、新材料、新设备的应用培训 3.1.2 能对技师及以下变电检修工进行技能培训	3.1.1 培训讲义编写方法

续上表

职业功能	工作内容	技能要求	相关知识
3 培训与指导	3.2 业务指导	3.2.1 能指导处理现场试验过程中出现的疑难问题 3.2.2 能对技师及以下变电检修工进行业务技术指导	3.2.1 设备缺陷及故障案例 3.2.2 有关本专业的综合知识

4 比 重 表

4.1 理论知识

项目		初级(%)	中级(%)	高级(%)	技师(%)	高级技师(%)
基本要求	职业道德	5	5	5	5	5
	基础知识	20	15	10	5	5
相关知识	设备运行监视	20	—	—	—	—
	设备巡检	20	—	—	—	—
	设备倒闸操作	15	—	—	—	—
	设备检修	15	20	—	—	—
	电气试验	—	20	20	—	—
	继电保护检验	—	20	20	—	—
	设备故障处理	5	15	20	30	—
	检修数据与报告处理	—	5	10	—	—
	设备检修管理	—	—	15	—	—
	设备验收与交接	—	—	—	—	30
	技术管理	—	—	—	30	30
	培训与指导	—	—	—	30	30
合计		100	100	100	100	100

4.2 技能操作

项目		初级（%）	中级（%）	高级（%）	技师（%）	高级技师（%）
相关知识	设备运行监视	25	—	—	—	—
	设备巡检	25	—	—	—	—
	设备倒闸操作	20	—	—	—	—
	设备检修	20	25	—	—	—
	电气试验	—	25	25	—	—
	继电保护检验	—	25	25	—	—
	设备故障处理	10	20	25	40	—
	检修数据与报告处理	—	5	10	—	—
	设备检修管理	—	—	15	—	—
	设备验收与交接	—	—	—	—	40
	技术管理	—	—	—	40	40
	培训与指导	—	—	—	20	20
合计		100	100	100	100	100

城市轨道交通(跨座式单轨)变电检修工职业技能标准

1 职业概况

1.1 职业名称

城市轨道交通(跨座式单轨)变电检修工。

1.2 职业定义

从事跨座式单轨供电系统变电设备巡视、检修、调试及故障处理的人员。

1.3 职业等级

本职业共设五个等级,分别为:初级(五级)、中级(四级)、高级(三级)、技师(二级)、高级技师(一级)。

1.4 职业环境条件

高电压,常温,室内、室外。

1.5 职业能力特征

具有语言表达以及对事物的分析和判断能力;手指、

手臂灵活,动作协调性好;有空间想象及一般计算能力;心理及身体素质良好,无职业禁忌症(恐高症、心脏病、高血压、癫痫症等);听力及辨色力正常,双眼矫正视力不低于5.0。

1.6　基本文化程度

高中毕业(或同等学历)。

1.7　培训要求

1.7.1 培训期限

全日制职业学校教育,根据其培养目标和教学计划确定。晋级培训期限:初级不少于300标准学时;中级不少于200标准学时;高级不少于180标准学时;技师不少于120标准学时;高级技师不少于60标准学时。

1.7.2 培训教师

培训初、中级的教师应具有本职业高级及以上职业资格证书或相关专业初级及以上专业技术职务任职资格;

培训高级的教师应具有本职业技师及以上职业资格证书或相关专业的中级及以上专业技术职务任职资格;

培训技师的教师应具有本职业高级技师职业资格证书或本专业的高级专业技术职务任职资格;

培训高级技师的教师应具有本职业高级技师职业资格证书2年及以上或本专业的高级专业技术职务任职资格2年及以上。

1.7.3 培训场地设备

满足教学需要的标准教室，技能培训基地、演练场或作业现场，有必要的设备、工具、量具、仪表、仪器等。

1.8 鉴定要求

1.8.1 适用对象

从事或准备从事本职业的人员。

1.8.2 申报条件

——初级(五级)

在本企业从事本职业工作，并具备以下条件之一者：

(1)经本职业初级(五级)正规培训达到规定标准学时数，并取得结业证书；

(2)本职业学徒期满；

(3)连续从事本职业工作 1 年及以上。

——中级(四级)

在本企业从事本职业工作，并具备以下条件之一者：

(1)取得本职业初级(五级)职业资格证书后，连续从事本职业工作满 3 年及以上，经本职业中级(四级)正规培训达到规定标准学时数，并取得结业证书；

(2)取得本职业初级(五级)职业资格证书后，连续从事本职业工作满 4 年及以上；

(3)具有本专业或相关专业中专及以上学历，在本职业连续工作满 1 年及以上；

(4)具有本专业或相关专业大专及以上学历；

(5)连续从事本职业工作 6 年及以上。

——高级(三级)

在本企业从事本职业工作,并具备以下条件之一者:

(1)取得本职业中级(四级)职业资格证书后,连续从事本职业工作满 3 年及以上,经本职业高级(三级)正规培训达到规定标准学时数,并取得结业证书;

(2)取得本职业中级(四级)职业资格证书后,连续从事本职业工作满 4 年及以上;

(3)具有本专业或相关专业本科及以上学历,在本职业连续工作满 1 年及以上;

(4)具有本专业或相关专业研究生及以上学历。

——技师(二级)

在本企业从事本职业工作,并具备以下条件之一者:

(1)取得本职业高级(三级)职业资格证书后,连续从事本职业工作满 5 年及以上,经本职业技师(二级)正规培训达到规定标准学时数,并取得结业证书;

(2)取得本职业高级(三级)职业资格证书后,连续从事本职业工作满 6 年及以上。

——高级技师(一级)

在本企业从事本职业工作,并具备以下条件之一者:

(1)取得本职业技师(二级)职业资格证书后,连续从事本职业工作满 3 年及以上,经本职业高级技师(一级)正规培训达到规定标准学时数,并取得结业证书;

(2)取得本职业技师(二级)职业资格证书后,连续从事本职业工作满 4 年及以上。

1.8.3 鉴定方式

分为理论知识考试和技能操作考核。理论知识考试采用闭卷笔试或上机考试的方式,技能操作考核采用现场实际操作方式。理论知识考试和技能操作考核均实行百分制,成绩皆达60分及以上者为合格。技师、高级技师还须进行综合评审。

1.8.4 考评人员与考生配比

理论知识考试中的监考人员与考生配比为1∶15,每个标准教室不少于2名监考人员;操作技能考核中的考评人员与考生配比为1∶5,且不少于3名考评人员。综合评审委员不少于5人。

1.8.5 鉴定时间

理论知识考试时间为90 min,技能操作考核时间按实际需要和考核项目确定,原则上不少于40 min,综合评审时间不少于45 min。

1.8.6 鉴定场所设备

理论知识考试在标准教室进行。技能操作考核在职业技能鉴定基地、演练场或作业现场进行,场地条件及工具、量具、仪表、仪器等应满足实际操作需求,可酌情配设辅助操作人员。

2 基本要求

2.1 职业道德

2.1.1 职业道德基本知识

(1)热爱祖国,热爱本职工作

(2)刻苦学习,钻研技术

(3)爱岗敬业,具有高度的责任心

(4)遵守纪律,文明生产

(5)尊师爱徒,严守岗位职责

2.1.2 职业守则

(1)遵守法律、法规和有关规定

(2)严格执行工作程序、工作规范、工作标准和安全操作规程

(3)工作认真负责,具有高度责任感和良好的团队合作精神

(4)爱护设备及工具、夹具、刀具、量具和仪器、仪表

(5)着装整洁,符合规定

(6)保持工作环境清洁有序,文明生产

2.2 基础知识

2.2.1 城市轨道交通概论相关知识

(1)城市轨道交通的产生与发展

(2)城市轨道交通的概念、分类

(3)城市轨道交通的优缺点

2.2.2 识、绘图知识

(1)电气一次接线图知识

(2)电气二次原理图知识

(3)电气图纸和机械图纸的识图及制图知识

2.2.3 电工基础知识

(1)交、直流电路基础知识

(2)电机与变压器基础知识

(3)常用高、低压电器知识

(4)电气绝缘基础知识

2.2.4 计算机网络知识

(1)计算机硬件及应用基本知识

(2)计算机网络基础知识

2.2.5 电力系统知识

(1)城市轨道交通供电系统知识

(2)高、低压开关柜知识

(3)低压配电知识

(4)电力监控系统知识

2.2.6 牵引供电设备知识

(1)整流变压器、整流器知识

(2)直流隔离开关、断路器、电缆知识

(3)再生制动、再生逆变系统知识

(4)直流接地漏电保护知识

(5)直流继电保护知识

2.2.7 安全文明生产与环境保护知识

(1)《中华人民共和国安全生产法》相关知识

(2)《中华人民共和国环境保护法》相关知识

(3)《职业健康安全管理体系规范》相关知识

(4)安全操作与劳动保护知识

2.2.8 质量管理知识

(1)行业的质量方针

(2)岗位的质量要求

(3)全面质量管理的基本知识

2.2.9 相关法律、法规知识

(1)《中华人民共和国劳动法》相关知识

(2)《中华人民共和国消防法》相关知识

(3)《中华人民共和国电力法》相关知识

3 工作要求

本标准对初级(五级)、中级(四级)、高级(三级)、技师(二级)、高级技师(一级)的技能要求依次递进,高级别涵盖低级别的要求。

3.1 初级(五级)

职业功能	工作内容	技能要求	相关知识
1 安全防护	1.1 安全警示	1.1.1 能准确选用警示标志 1.1.2 能正确设置警示标志 1.1.3 能正确撤除警示标志	1.1.1 警示标志的选用 1.1.2 警示标志设置要求
	1.2 验电接地	1.2.1 能正确选用验电接地设备 1.2.2 能正确检查验电接地设备状态 1.2.3 能正确进行验电接地工作	1.2.1 验电器、接地线检查方法及标准 1.2.2 验电接地操作要求
	1.3 作业令办理	1.3.1 能按作业令办理规定正确办理作业令 1.3.2 能正确完整填写作业令记录	1.3.1 作业令办理相关规定 1.3.2 作业令记录填写要求

续上表

职业功能	工作内容	技能要求	相关知识
2 检测与选用	2.1 检测安全器具、仪器、仪表和常用材料	2.1.1 能检测判断安全器具、仪器、仪表和材料的状态 2.1.2 能检测安全器具、仪器、仪表和材料的基本性能	2.1.1 常用安全器具、仪器、仪表和常用材料状态检测方法 2.1.2 常用安全器具、仪器、仪表和常用材料性能检测知识
	2.2 选用安全器具、仪器、仪表和常用材料	2.2.1 能根据检修内容正确选用安全工具、仪器、仪表和常用材料 2.2.2 能根据工具、量具的性能拓展其使用效能	2.2.1 常用安全工具、仪器、仪表和常用材料的名称、种类、性能及用途 2.2.2 常用安全工具、仪器、仪表和常用材料维护、保养方法和工作原理
3 巡视与倒闸操作	3.1 巡视	3.1.1 能对变电所设备进行日常巡视检查 3.1.2 能对辖区设备、设施内保、消防等进行巡视检查 3.1.3 能操作各类电气设备的继电保护装置面板和控制装置面板，查看设备运行状态 3.1.4 能抄录变电所各类设备温度、电流、电压、	3.1.1 电力系统基础知识 3.1.2 供电设备巡视检查要求 3.1.3 电力监控系统基础知识 3.1.4 计算机操作与应用 3.1.5 继电保护基础知识

续上表

职业功能	工作内容	技能要求	相关知识
	3.1 巡视	电量等数据 3.1.5 能通过电力监控系统监视设备运行情况 3.1.6 能填写巡视记录	
3 巡视与倒闸操作	3.2 倒闸操作	3.2.1 能对牵引降压变电所中、低压开关柜进行倒闸操作 3.2.2 能对牵引供电系统直流开关柜进行倒闸操作 3.2.3 能根据调度倒闸操作命令执行倒闸操作 3.2.4 能正确填写倒闸操作记录	3.2.1 电力系统基础知识 3.2.2 倒闸操作基本要求
	3.3 协同配合	3.3.1 能完成变电所环境清洁卫生、设施维修、照明、扶梯等简单配合工作 3.3.2 能在中、高级变电检修工的指导下按照要求完成设备清洁、螺栓紧固等简单的检修工序	3.3.1 变电所作业安全规程 3.3.2 电气设备清洁维护方法
4 故障处理	4.1 发现故障	4.1.1 能通过巡视检查发现设备故障 4.1.2 能通过电力监控系统故障报警初步判断故障设备及影响范围	4.1.1 电气设备工作原理 4.1.2 电气设备常见故障及其现象

续上表

职业功能	工作内容	技能要求	相关知识
4 故障处理	4.2 报告故障	4.2.1 能准确描述故障发生时间、地点、具体设备 4.2.2 能准确报告故障现象	4.2.1 供电系统应急抢修流程 4.2.2 调度标准术语

3.2 中级(四级)

职业功能	工作内容	技能要求	相关知识
1 安全防护	1.1 警示标志设置、验电接地	1.1.1 能监护他人完成警示标志设置 1.1.2 能监护他人完成验电接地工作	1.1.1 警示标志设置要求 1.1.2 验电器、接地线检查方法及标准 1.1.3 验电接地操作要求
	1.2 安全措施办理	1.2.1 能检查工作票安全措施是否完善 1.2.2 能根据工作票要求正确办理安全措施 1.2.3 能正确恢复安全措施	1.2.1 安全措施设置要求 1.2.2 安全措施办理规定
2 检测与选用	2.1 检测安全工具、仪器、仪表和常用材料	2.1.1 能检测判断组合工具及成套仪器状态 2.1.2 能检测判断组合工具及成套仪器基本性能、精度等	2.1.1 组合工具及成套仪器状态检测方法 2.1.2 组合工具及成套仪器性能、精度检测知识

续上表

职业功能	工作内容	技能要求	相关知识
2 检测与选用	2.2 选用安全工具、仪器、仪表和常用材料	2.2.1 能根据常用电工仪表的工作原理,采用一定的方法提高其精度或扩展其量程 2.2.2 能选用替代仪表,根据测量结果分析仪表问题和误差	2.2.1 常用仪器仪表的工作原理、用途及使用方法 2.2.2 常用仪器仪表维护、保养方法和工作原理
3 倒闸操作与检修	3.1 倒闸操作	3.1.1 能对主变电所GIS组合电器进行倒闸操作 3.1.2 能对中压双母线、直流隔离开关、断路器、上网隔离开关等具有联锁机构的电气设备进行倒闸操作 3.1.3 能对再生逆变系统进行投入、退出倒闸操作	3.1.1 电力系统基础知识 3.1.2 倒闸操作基本要求 3.1.3 供电系统闭锁逻辑相关知识
	3.2 检修	3.2.1 能对整流变压器、配电变压器进行日常检修 3.2.2 能对开关柜、隔离开关、断路器进行日常检修 3.2.3 能对整流器、抽屉开关进行日常检修	3.2.1 相关产品的控制原理和接线方法 3.2.2 产品相关的检修、维护规程 3.2.3 机械传动的基本知识 3.2.4 高低压电器产品的检修工艺规程

续上表

职业功能	工作内容	技能要求	相关知识
3 倒闸操作与检修	3.2 检修	3.2.4 能对变电所交直流屏设备进行日常检修 3.2.5 能对交流供电系统继电保护装置进行日常检修、维护及完成继电保护试验 3.2.6 能对电力监控系统各类设备进行日常检修	3.2.5 变电所内各设备的性能、结构、传动系统、操作规程和维护保养方法 3.2.6 钳工基础知识，焊接相关知识 3.2.7 继电保护、自动装置、总控装置的配置及作用
4 故障处理	4.1 报告故障	4.1.1 能准确、详细描述故障现象，以便后续抢修人员准备图纸、资料、物资等 4.1.2 能准确、详细报告故障，以便电力调度了解现场情况，调整供电系统运行方式	4.1.1 变电所各类设备常见故障类型 4.1.2 高、低压电气设备的控制原理及常见故障
	4.2 处理故障	4.2.1 能对故障设备做复位、重启等简单处理 4.2.2 能检查并排除变电所一般设备常见故障	4.2.1 变电所各类设备工作原理 4.2.2 高、低压电气设备的控制原理及常见故障处理方法

3.3 高级(三级)

职业功能	工作内容	技能要求	相关知识
1 检修与测试	1.1 检修	1.1.1 能对主变电所GIS、主变压器进行日常检修 1.1.2 能对主变电所保护、测控、计量屏等进行日常检修 1.1.3 能对再生逆变系统进行日常检修 1.1.4 能对直流系统继电保护装置进行日常检修、维护及完成继电保护试验 1.1.5 能对直流接地漏电保护系统进行日常检修 1.1.6 能对电气设备开展大修、技改工作	1.1.1 110 kV 主变压器、气体绝缘开关设备组合电器等重要设备性能、结构、原理 1.1.2 精密设备维护注意事项 1.1.3 防尘、防静电维护方法 1.1.4 工业自动化控制基础知识 1.1.5 供电设备和线路的继电保护知识 1.1.6 通信规约、通信接口、以太网网络的基本知识
	1.2 测试	1.2.1 能对变电所内各类设备电阻、电流、电压等进行测量 1.2.2 能对隔离开关、断路器机械参数进行检测 1.2.3 能对一次电缆、二次电缆进行绝缘、耐压检测	1.2.1 误差理论、电气测量、机械测量的基础知识和数据处理基础知识 1.2.2 基本电气元件的检测知识 1.2.3 供配电常用设备预防性试验方法

续上表

职业功能	工作内容	技能要求	相关知识
1 检修与测试	1.2 测试	1.2.4 能对直流系统框架进行绝缘检测 1.2.5 能进行互感器极性试验 1.2.6 能完成变电所内各类设备的日常测试及预防性试验	1.2.4 预防性试验国家标准 1.2.5 工业自动化控制基础知识
2 故障处理	2.1 常见故障处理	2.1.1 能检查并排除变电所内交流供电设备常见故障 2.1.2 能检查并排除变电所内直流供电设备常见故障	2.1.1 供电系统应急抢修流程 2.1.2 电力监控系统知识
	2.2 系统性故障处理	2.2.1 能应急处理关键设备故障 2.2.2 能排除系统性电气故障	2.2.1 单轨供电系统基础知识 2.2.2 单轨供电系统系统故障处理知识
3 培训与指导	3.1 理论培训	3.1.1 能对初、中级变电检修工进行常规电气设备维修理论培训 3.1.2 能对初、中级变电检修工进行预防性试验理论培训	3.1.1 培训课件的制作知识 3.1.2 电气设备的维修技巧

续上表

职业功能	工作内容	技能要求	相关知识
3 培训与指导	3.2 指导操作	3.2.1 能指导初、中级变电检修工进行常规电气设备的维修 3.2.2 能指导初、中级变电检修工进行预防性试验的实际操作	3.2.1 关键设备的维修技巧 3.2.2 预防性试验的教学方法和安全控制

3.4 技师(二级)

职业功能	工作内容	技能要求	相关知识
1 调试	1.1 单体调试	1.1.1 能对变压器进行单体调试 1.1.2 能对互感器进行单体调试 1.1.3 能对交、直流隔离开关、断路器进行单体调试 1.1.4 能对母排、电力电缆进行单体调试 1.1.5 能对避雷器、电容器进行单体调试 1.1.6 能对接地装置进行单体调试 1.1.7 能对自动保护装置进行单体调试	1.1.1 110 kV 主变压器、气体绝缘开关设备组合电器等重要设备性能、结构、原理 1.1.2 供电设备单体调试方法 1.1.3 供电设备单体调试标准

续上表

职业功能	工作内容	技能要求	相关知识
1 调试	1.2 系统调试	1.2.1 能对主变电所GIS、主变压器进行系统调试 1.2.2 能对变电所中压系统进行系统调试 1.2.3 能对低压配电系统进行系统调试 1.2.4 能对整流机组进行系统调试 1.2.5 能对直流馈电系统进行系统调试 1.2.6 能对再生逆变系统进行系统调试 1.2.7 能对直流接地漏电保护进行系统调试 1.2.8 能对自动保护装置、自投装置进行系统调试 1.2.9 能对电力监控系统进行系统调试 1.2.10 能配合供电系统接口专业完成系统调试工作	1.2.1 相关电器的结构和工作原理 1.2.2 与产品相关的国家和行业标准 1.2.3 计算机基本知识及计算机在调试中的应用知识 1.2.4 供配电常用设备预防性试验方法 1.2.5 预防性试验国家标准 1.2.6 供电设备系统调试标准
2 故障处理	2.1 组织故障处理	2.1.1 能根据故障情况,组织抢修队伍,完成系统级故障处理 2.1.2 能组织各专业人员协作处理跨专业性故障	2.1.1 供电系统应急抢修流程 2.1.2 电力监控系统知识 2.1.3 接触网系统基础知识

续上表

职业功能	工作内容	技能要求	相关知识
2 故障处理	2.2 组织故障分析	2.2.1 能组织抢修人员开展故障分析 2.2.2 能组织召开故障分析会议 2.2.3 能编写故障分析报告	2.2.1 故障分析报告编写知识 2.2.2 接触网系统基础知识
3 组织管理	3.1 安全管理	3.1.1 能协助进行安全风险分析,从管理角度查找安全隐患和制度弊端 3.1.2 能分析事故经过和产生事故的原因	3.1.1 安全管理制度 3.1.2 安全管理的知识
	3.2 技术管理	3.2.1 能按技术要求及图纸组织新产品的检修 3.2.2 能解决检修中的关键工艺技术问题 3.2.3 能根据检修情况分析判断变电设备的缺陷和异常运行状况 3.2.4 能提出改进设备检修规程中的工艺标准 3.2.5 能编写大型检修项目方案 3.2.6 能组织开展大修、技改等工作	3.2.1 新设备、新产品应用知识 3.2.2 检修方案编写知识 3.2.3 电气设备大修、技改知识

续上表

职业功能	工作内容	技能要求	相关知识
3 组织管理	3.3 生产管理	3.3.1 能编制供电设备的年度检修计划 3.3.2 能根据检修计划组织协调各专业材料、机具、人员，完成检修计划 3.3.3 能跟踪年度检修计划完成进度，并提出相应措施，保证年度检修计划完成	3.3.1 生产管理基本知识 3.3.2 年度计划编制知识
4 培训与指导	4.1 理论培训	4.1.1 能对初、中、高级变电检修工进行日常设备原理及维修理论培训 4.1.2 能制作培训课件 4.1.3 能编制培训方案	4.1.1 培训方案编制知识 4.1.2 培训教学基本方法
	4.2 指导操作	4.2.1 能指导初、中、高级变电检修工开展各类设备检修、测试工作 4.2.2 能指导初、中、高级变电检修工开展故障处理工作	4.2.1 有关新材料的基本知识 4.2.2 关键设备维修、复杂试验、调试知识

3.5 高级技师(一级)

职业功能	工作内容	技能要求	相关知识
1 验收	1.1 牵引供电系统验收	1.1.1 能审核牵引供电系统工程施工图纸及技术资料 1.1.2 能对主变电所GIS、主变压器进行验收 1.1.3 能对中、低压配电系统进行验收 1.1.4 能对直流供电系统进行验收 1.1.5 能对再生逆变系统进行验收 1.1.6 能对直流接地漏电保护系统进行验收	1.1.1 智能化电气设备的基础知识 1.1.2 设备的出厂试验标准 1.1.3 预防性试验规范 1.1.4 电气设备验收标准
	1.2 电力监控系统验收	1.2.1 能审核电力监控系统工程施工图纸及技术资料 1.2.2 能对系统内自动保护装置、测控装置、通信设备、通讯线路进行验收 1.2.3 能对系统内服务器、工作站及附属设备进行验收 1.2.4 能对系统软件、应用程序、系统数据库等进行验收	1.2.1 计算机硬件知识 1.2.2 计算机网络知识 1.2.3 电力监控系统验收标准

续上表

职业功能	工作内容	技能要求	相关知识
2 故障处理	2.1 根据故障分析设备运行情况	2.1.1 能分析造成故障的直接及间接原因 2.1.2 能根据设备故障原因分析设备的整体运行情况	2.1.1 供电系统应急抢修流程 2.1.2 电力监控系统知识 2.1.3 接触网系统基础知识
	2.2 根据故障制定相应措施	2.2.1 能根据故障原因提出整改及预防技术措施 2.2.2 能根据故障现象对检修提出整改意见	2.2.1 机械设备运行状态分析知识 2.2.2 设备检修优化知识
3 组织管理	3.1 安全管理	3.1.1 能通过安全风险分析,从管理角度提出安全隐患和制度弊端,并制定措施 3.1.2 能根据实际情况评估安全风险,完善安全管理制度	3.1.1 风险控制和评估的基本知识 3.1.2 隐患管理知识
	3.2 技术管理	3.2.1 能针对预防性试验和调试工作,进行作业指导书的编制 3.2.2 能根据检修情况对相关检修规程进行修订	3.2.1 作业指导书编制知识 3.2.2 规章、规程修订知识

续上表

职业功能	工作内容	技能要求	相关知识
3 组织管理	3.3 生产管理	3.3.1 能组织开展检修质量抽查工作 3.3.2 能根据检修质量抽查结果进行分析、测评并提出改进性意见 3.3.3 能通过有效措施改进生产计划提高效率	3.3.1 质量体系知识 3.3.2 生产管理知识
4 培训与指导	4.1 系统性理论培训	4.1.1 能对初、中、高级及技师变电检修工就单轨供电系统进行系统性的理论培训 4.1.2 能编制成套培训教材	4.1.1 相关的单轨供电系统知识 4.1.2 成套培训教材的编写方法
	4.2 特殊指导操作	4.2.1 能指导高级及技师变电检修工进行调试、验收工作 4.2.2 能指导中、高级及技师变电检修工开展大修、技术改造工作	4.2.1 大修、改造的相关规定及知识 4.2.2 电气设备调试、验收知识

4 比 重 表

4.1 理论知识

项目		初级（%）	中级（%）	高级（%）	技师（%）	高级技师（%）
基本要求	职业守则	5	5	5	5	5
	基础知识	25	15	15	15	5
相关知识	安全防护	25	25	—	—	—
	检测与选用	20	15	—	—	—
	巡视与倒闸操作	20	—	—	—	—
	倒闸操作与检修	—	30	—	—	—
	检修与测试	—	—	45	—	—
	调试	—	—	—	20	—
	验收	—	—	—	—	25
	故障处理	5	10	20	15	15
	组织管理	—	—	—	25	30
	培训与指导	—	—	15	20	20
合计		100	100	100	100	100

4.2 技能操作

项目		初级(%)	中级(%)	高级(%)	技师(%)	高级技师(%)
操作技能	安全防护	30	25	—	—	—
	检测与选用	25	20	—	—	—
	巡视与倒闸操作	40	—	—	—	—
	倒闸操作与检修	—	45	—	—	—
	检修与测试	—	—	50	—	—
	调试	—	—	—	35	—
	验收	—	—	—	—	30
	故障处理	5	10	30	20	20
	组织管理	—	—	—	25	30
	培训与指导	—	—	20	20	20
合计		100	100	100	100	100

城市轨道交通(有轨电车)变电检修工职业技能标准

1　职业概况

1.1　职业名称

城市轨道交通(有轨电车)变电检修工。

1.2　职业定义

从事城市轨道交通有轨电车变配电设备的安装、调试、检修和维护的人员。

1.3　职业等级

本职业共设五个等级,分别为:初级(五级)、中级(四级)、高级(三级)、技师(二级)、高级技师(一级)。

1.4　职业环境条件

室内、室外,接触噪声、振动、辐射。

1.5　职业能力特征

身体健康,具有一定的学习、理解、观察、判断、推理和计算能力；手指、手臂灵活，动作协调，并能高空作业；心理及身体素质较好，无职业禁忌症（恐高症、心脏病、高血压、癫痫病等）；听力及辨色力正常，两眼裸视力或矫正视力不低于5.0。

1.6 基本文化程度

高中毕业（或同等学历）。

1.7 培训要求

1.7.1 培训期限

全日制职业学校教育，根据其培养目标和教学计划确定。晋级培训期限：初级不少于300标准学时；中级不少于200标准学时；高级不少于180标准学时；技师不少于120标准学时；高级技师不少于80标准学时。

1.7.2 培训教师

培训初、中级的教师应具有本职业高级及以上职业资格证书或相关专业初级及以上专业技术职务任职资格；培训高级、技师的教师应具有本职业技师及以上职业资格证书或相关专业中级及以上专业技术职务任职资格；培训高级技师的教师应具有本职业高级技师职业资格证书2年及以上或相关专业高级及以上专业技术职务任职资格，并具有丰富的维修组织、疑难故障分析和施工调试经验，掌握本专业有关前沿科技知识。

1.7.3 培训场地设备

满足教学需要的标准教室、技能培训基地、演练场或作业现场,有必要的设备、工具、量具、仪表等。

1.8 鉴定要求

1.8.1 适用对象

从事或准备从事本职业的人员。

1.8.2 申报条件

——初级(五级)

取得中等职业教育毕业证书。

——中级(四级)

在本企业从事本职业工作,并具备以下条件之一者:

(1)取得本职业初级(五级)职业资格证书1年及以上;

(2)取得高等职业教育毕业证书;

(3)具有高中及以上文化程度,且连续从事本职业工作2年及以上;

(4)取得相关职业(工种)初级(五级)职业资格证书,且连续从事本职业工作1年及以上。

——高级(三级)

在本企业从事本职业工作,并具备以下条件之一者:

(1)取得本职业中级(四级)职业资格证书2年及以上;

(2)取得高等教育毕业证书;

(3)取得高等职业教育毕业证书,且连续从事本职业工作3年及以上;

(4)取得相关职业(工种)中级(四级)职业资格证书2

年及以上，且连续从事本职业工作3年及以上。

——技师（二级）

在本企业从事本职业工作，并具备以下条件之一者：

（1）具有中等职业教育或高中以上学历，在本企业从事本职业工作，且取得本职业高级（三级）职业资格证书3年及以上；

（2）具有中等职业教育或高中以上学历，长期从事本职业工作，技术领先，具有突出的工作业绩，符合试点企业的破格申报条件，经本人申请、单位推荐，公示通过后，可破格申报技师（二级）。

——高级技师（一级）

在本企业从事本职业工作，并具备以下条件之一者：

（1）具有中等职业教育或高中及以上学历，在本企业从事本职业工作，且取得本职业技师（二级）职业资格证书4年及以上；

（2）具有中等职业教育或高中及以上学历，长期从事本职业工作，技术领先，具有突出的工作业绩，符合试点企业的破格申报条件，经本人申请、单位推荐，公示通过后，可破格申报高级技师（一级）。

1.8.3 鉴定方式

初、中、高级鉴定分为理论知识考试和技能操作考核两个部分。理论知识考试采用笔试或机考的方式，技能操作考核采用现场操作、模拟操作等方式。各级考核方式根据职业等级和考核项目的特点而定。技能操作考核部分由考评员按技能操作考核规定或相关标准打分。理论知识考试、技能操作考核均实行百分制,成绩皆达60分及以上者为合格。

技师、高级技师鉴定分为理论知识考试、技能操作考核和综合评审三个部分。理论知识考试和技能操作考核的方式与初、中、高级一致。综合评审采用业绩评价和论文答辩结合的方式。理论知识考试、技能操作考核及综合评审均实行百分制,三项成绩皆达60分及以上者为合格。

1.8.4 考评人员与考生配比

理论知识考试考评人员与考生配比为1∶15,每个标准教室不少于2名考评人员。技能操作考核考评员与考生配比为1∶5,且不少于3名考评员。综合评审委员人数为不少于5人的单数。

1.8.5 鉴定时间

理论知识考试时间不少于60 min,技能操作考核时间按实际需要和考核项目确定,原则上不少于30 min。

1.8.6 鉴定场所设备

理论知识考试在标准教室进行。技能操作考核在职业技能鉴定基地、演练场或作业现场进行。场地条件及工具、量具、仪表等应满足实际操作需要,可酌情配设辅助操作人员。符合环境保护、劳动保护、安全和消防等各项要求。

2　基本要求

2.1　职业道德

2.1.1 职业道德基本知识

2.1.2 职业守则

(1)爱岗敬业,忠于职守。钻研技术,勇于创新

(2)尽职尽责,爱护设备。吃苦耐劳,安全第一

(3)实事求是,严守纪律。服从命令,雷厉风行

(4)团结互助,刻苦学习。提高效率,保证质量

(5)文明礼貌,尊师爱徒。遵纪守法,文明生产

2.2　基本知识

2.2.1 识、绘图知识

(1)识图与绘图基本知识

(2)牵引变电设备原理结构图

(3)牵引变电一、二次回路系统图

(4)牵引变电设备安装图

(5)动力和照明电气接线图

2.2.2 电工与电子技术基础知识

(1)直流电路基础知识

(2)磁场与电磁感应知识

(3)交流电路基础知识
(4)电子技术应用知识
(5)数字电路基本知识

2.2.3 安全生产知识

(1)供电作业安全生产的特点和基本要求
(2)电力安全生产的基本常识及规程
(3)电力网及电力系统的组成
(4)消防器材的使用知识和施工现场有关消防的规定
(5)安全用电常识和触电紧急救护知识

2.2.4 牵引供电设备知识

(1)隔离、整流、降压变压器知识
(2)交、直流隔离开关与断路器知识
(3)互感器知识
(4)继电保护基础知识
(5)避雷器及接地知识
(6)整流器知识
(7)车载储能充电设备知识
(8)排流柜知识
(9)交、直流盘和监控盘知识
(10)变配电盘知识
(11)常用仪器仪表知识

2.2.5 相关法律、法规知识

(1)《中华人民共和国安全生产法》相关知识
(2)《中华人民共和国电力法》相关知识
(3)《中华人民共和国环境保护法》相关知识
(4)《中华人民共和国消防法》相关知识

3 工作要求

本标准对初级（五级）、中级（四级）、高级（三级）、技师（二级）、高级技师（一级）的技能要求依次递进，高级别涵盖低级别的要求。

3.1 初级（五级）

职业功能	工作内容	技能要求	相关知识
1 安全防护	1.1 警示标志设置与拆除	1.1.1 能正确设置警示标志 1.1.2 能正确拆除警示标志	1.1.1 警示标志设置要求 1.1.2 警示标志拆除要求
	1.2 验电接地	1.2.1 能正确进行验电接地操作 1.2.2 能正确拆除接地线	1.2.1 验电器、接地线检查要求 1.2.2 验电接地操作要求
2 巡视检查	2.1 设备运行情况监视	2.1.1 能识读变电所综合监控设备运行情况 2.1.2 能对所用交、直流电等系统电气设备进行监视	2.1.1 变电所控制室的布置 2.1.2 变配电控制盘二次回路图 2.1.3 变配电控制盘一次接线图

续上表

职业功能	工作内容	技能要求	相关知识
2 巡视检查	2.2 抄表及填写运行日志	2.2.1 能抄录有关指示仪表的数据 2.2.2 能填写运行日志	2.2.1 各种常用电工仪表的作用 2.2.2 绝缘监察装置的作用 2.2.3 各种指示仪表的结构及原理 2.2.4 运行日志填写的内容和要求 2.2.5 运行管理规则
	2.3 设备巡视	2.3.1 能查看设备运行状态 2.3.2 能对运行中一次设备绝缘巡视检查	2.3.1 一次设备说明书 2.3.2 一次设备运行检修规则 2.3.3 电气设备绝缘知识
3 倒闸操作	3.1 操作票填写	3.1.1 能准确地理解并按调度命令填写操作票 3.1.2 能默写变电所的运行方式 3.1.3 能在监护人监护下进行一般的倒闸操作	3.1.1 操作票填写规定和填写内容 3.1.2 倒闸操作的原则 3.1.3 倒闸操作的技术要领 3.1.4 倒闸操作的程序 3.1.5 运行方式的定义

续上表

职业功能	工作内容	技能要求	相关知识
3 倒闸操作	3.2 进行倒闸操作	3.2.1 能在监护下正确进行线路的倒闸操作 3.2.2 能正确布置检修前的安全措施	3.2.1 线路停送电操作票的填写方法 3.2.2 配电装置的布置方式 3.2.3 倒闸操作安全措施

3.2 中级(四级)

职业功能	工作内容	技能要求	相关知识
1 安全防护	1.1 作业监护	1.1.1 能监护他人完成验电接地工作 1.1.2 能监护他人完成接地线的拆除工作	1.1.1 验电器、接电线检查要求 1.1.2 验电接地操作要求
	1.2 作业令办理	1.2.1 能正确办理作业令 1.2.2 能独立审核作业令	1.2.1 正线轨行区施工作业管理办法 1.2.2 车场轨行区施工作业管理办法
2 巡视检查	2.1 抄表	2.1.1 能抄录数据进行换算 2.1.2 能使用仪表对电压等数据进行复测	2.1.1 测量仪表的使用 2.1.2 各种测量仪表的结构及原理

续上表

职业功能	工作内容	技能要求	相关知识
2 巡视检查	2.2 检查一次系统设备	2.2.1 能对运行中的一次设备进行检查 2.2.2 能发现一次设备运行中常见故障	2.2.1 一次设备知识 2.2.2 设备运行规程 2.2.3 设备检修规程
	2.3 检查继电保护及电气二次回路	2.3.1 能对继电保护装置进行检查 2.3.2 能对二次回路进行检查	2.3.1 继电器的结构 2.3.2 继电保护的种类 2.3.3 线路及变压器继电保护的接线方式 2.3.4 电气二次回路的布置图 2.3.5 电气二次回路的检查内容
3 倒闸操作	3.1 变电所设备倒闸操作	3.1.1 能对变电所各类开关进行倒闸操作 3.1.2 能对各类设备检修挂接地线	3.1.1 几种变电设备的状态调整 3.1.2 电气设备状态改变操作基本顺序 3.1.3 倒闸操作条件与管理规定 3.1.4 检修挂接地线的操作规定

续上表

职业功能	工作内容	技能要求	相关知识
3 倒闸操作	3.2 保护装置倒闸操作	3.2.1 能进行继电保护投入与退出压板的操作(各种保护) 3.2.2 能进行断路器远、近控及(自动、非自动)状态操作	3.2.1 有轨电车供电系统的环网保护配置 3.2.2 继电保护操作的规定
4 故障处理	4.1 变压器的异常运行处理	4.1.1 能巡查变压器各种异常运行情况 4.1.2 能向调度正确汇报变压器运行异常情况	4.1.1 变压器的运行条件和运行方式 4.1.2 变压器异常运行的现象和判断方法
	4.2 开关设备的异常运行处理	4.2.1 能观察并发现断路器的异常运行情况 4.2.2 能对断路器、隔离开关的异常运行情况进行描述汇报	4.2.1 断路器、隔离开关异常运行的现象和判断方法 4.2.2 断路器、隔离开关的结构
5 设备检修维护	5.1 设备检修	5.1.1 能进行牵引变电所一次设备清扫维护 5.1.2 能进行变电所一次设备检修作业	5.1.1 变电一次设备的原理 5.1.2 变电一次设备的结构与功能 5.1.3 万用表、绝缘表的使用

续上表

职业功能	工作内容	技能要求	相关知识
5 设备检修维护	5.2 电气试验	5.2.1 能做回路电阻试验 5.2.2 能做工频交流耐压试验 5.2.3 能做直流耐压试验	5.2.1 回路电阻试验的接线方式 5.2.2 工频交流耐压试验的接线方式 5.2.3 直流耐压试验的接线方式

3.3 高级(三级)

职业功能	工作内容	技能要求	相关知识
1 倒闸操作	1.1 变电所倒闸	1.1.1 能进行变电所的各类常规倒闸操作 1.1.2 能进行越区倒闸操作	1.1.1 几种变电设备的状态调整 1.1.2 电气设备状态改变操作基本顺序 1.1.3 倒闸操作条件与管理规定 1.1.4 牵引单边、双边越区供电模式
	1.2 保护装置倒闸	1.2.1 能使用保护装置进行自投试验倒闸操作 1.2.2 能操作继电保护装置整定值切换	1.2.1 有轨电车供电系统的环网保护配置 1.2.2 继电保护操作的规定

续上表

职业功能	工作内容	技能要求	相关知识
2 故障处理	2.1 变压器的异常运行处理	2.1.1 能对变压器异常运行情况进行分析判断 2.1.2 能对变压器常见运行异常及常见故障进行处理	2.1.1 变压器的运行条件和运行方式 2.1.2 变压器异常运行的现象和判断方法
	2.2 开关设备的异常运行处理	2.2.1 能对断路器、隔离开关的异常运行情况进行分析判断 2.2.2 能对断路器、隔离开关的异常及常见故障进行前期处置	2.2.1 断路器、隔离开关异常运行的现象和判断方法 2.2.2 断路器、隔离开关的结构 2.2.3 断路器、隔离开关异常运行的现象和判断方法
3 设备检修维护	3.1 设备检修	3.1.1 能进行牵引变电所二次设备的检修 3.1.2 能进行降压变电所二次设备的检修	3.1.1 变电设备的原理 3.1.2 变电设备的结构与功能
	3.2 电气试验	3.2.1 能进行所内的电气设备的预防性试验 3.2.2 能进行所内继电保护装置测试	3.2.1 电气预防性试验规程 3.2.2 电气预防性试验标准 3.2.3 电气设备绝缘配合技术 3.2.4 高电压技术

续上表

职业功能	工作内容	技能要求	相关知识
4 设备调试	4.1 单设备调试	4.1.1 能对变压器挡位进行调试 4.1.2 能对断路器主要技术参数进行调试	4.1.1 一次设备检修规程和工艺 4.1.2 电气预防性试验标准 4.1.3 电气预防性试验规程
	4.2 系统联调联试	4.2.1 能对开关设备闭锁进行调试 4.2.2 能对单系统进行联调试验 4.2.3 能进行多系统设备联调试验	4.2.1 二次设备检修规程和工艺 4.2.2 电气预防性试验标准 4.2.3 设备系统调试要求

3.4 技师(二级)

职业功能	工作内容	技能要求	相关知识
1 故障处理	1.1 处理一次设备故障	1.1.1 能对一次设备在运行中的异常情况进行处理 1.1.2 能对常见各类一次设备故障进行处理	1.1.1 各类一次设备用途和基本结构 1.1.2 各类一次设备的工作原理 1.1.3 各类一次设备故障的处理方法

续上表

职业功能	工作内容	技能要求	相关知识
1 故障处理	1.2 处理二次设备故障	1.2.1 能对互感器二次回路的故障进行处理 1.2.2 能对各类开关二次回路故障进行处理 1.2.3 能对其他二次设备常见故障进行处理	1.2.1 各类二次设备结构及原理 1.2.2 二次设备故障处理方法 1.2.3 设备运行管理办法
2 项目施工与验收	2.1 设备改造施工	2.1.1 能编制设备改造施工方案 2.1.2 能根据改进方案组织项目施工	2.1.1 变电设计知识 2.1.2 变电施工手册的编制方法 2.1.3 施工组织及其设计
	2.2 项目验收	2.2.1 能编制改造项目验收方案 2.2.2 能对改造项目组织验收	2.2.1 变电技术规程 2.2.2 变电设备验收规范
3 技术管理	3.1 作业指导书编制	3.1.1 能编制变电设备检修作业指导书 3.1.2 能编制一、二次设备试验常用仪表使用指导书	3.1.1 变电安全技术规程 3.1.2 变电设备说明书 3.1.3 变电仪器仪表使用说明书
	3.2 设备校验和调整方案编制	3.2.1 能根据系统参数、容量等的变化，计算相关参数，提出各级继电保护整定值的修改方案	3.2.1 继电保护原理 3.2.2 系统暂稳态分析技术

续上表

职业功能	工作内容	技能要求	相关知识
3 技术管理	3.2 设备校验和调整方案编制	3.2.2 能编制设备校验方案 3.2.3 能编制继电保护装置非正常状态的调整方案	3.2.3 继电保护装置的配置设计方式 3.2.4 继电保护技术 3.2.5 设备检修规程
4 培训指导	4.1 技术培训	4.1.1 能对初、中、高级变电检修工进行安全、技术培训 4.1.2 能编写培训讲义	4.1.1 培训教学的基本方法 4.1.2 培训计划编制方法
	4.2 专业指导	4.2.1 能对初、中、高级变电检修工进行安全、技术指导 4.2.2 能在作业中应用、推广新技术、新工艺、新材料、新设备	4.2.1 牵引供电新技术、新工艺、新材料、新设备有关知识

3.5 高级技师(一级)

职业功能	工作内容	技能要求	相关知识
1 故障处理	1.1 故障分析处理	1.1.1 能对各类设备故障进行分析判断 1.1.2 能对各类设备故障提供有效的解决方案	1.1.1 变电各类设备故障处理预案 1.1.2 变配电技术

续上表

职业功能	工作内容	技能要求	相关知识
1 故障处理	1.2 变电系统综合性故障处理	1.2.1 能对综合性设备故障进行分析判断 1.2.2 能对综合性设备故障进行处理 1.2.3 能对系统设备故障提供有效的解决方案	1.2.1 变电各类设备故障处理预案 1.2.2 变配电技术 1.2.3 接触网技术
2 项目施工与验收	2.1 设备改造施工	2.1.1 能提出系统设计、设备运行合理化建议并制定改进方案 2.1.2 能组织设备改造施工项目和安全评估	2.1.1 变电设计知识 2.1.2 变电施工手册的编制方法 2.1.3 施工组织及其设计
	2.2 项目验收	2.2.1 能编制新建工程项目验收方案 2.2.2 能对新建项目验收及组织开通送电	2.2.1 变电技术规程 2.2.2 变电设备验收规范
3 技术管理	3.1 技术规程和施工工艺	3.1.1 能绘制供电图纸 3.1.2 能制定变电检修规程中的工艺标准	3.1.1 变电设计规范及要求 3.1.2 牵引供电设计规范 3.1.3 变电检修规程
	3.2 应急处置	3.2.1 能编制重大故障的应急预案并组织落实	3.2.1 变电事故抢修流程 3.2.2 变电事故抢修预案的组成

续上表

职业功能	工作内容	技能要求	相关知识
3 技术管理	3.2 应急处置	3.2.2 能根据各种故障类型、负荷状况提出处理方案并组织落实	3.2.3 变电各种故障的发生原因及处理方法
4 培训指导	4.1 技术培训	4.1.1 能对技师及以下变电检修工进行安全、技术培训 4.1.2 能进行新技术、新工艺、新材料、新设备的应用培训	4.1.1 培训讲义的编写方法 4.1.2 计算机常用办公软件的使用方法 4.1.3 新技术相关知识
	4.2 专业指导	4.2.1 能对技师及以下变电检修工进行业务技术指导	4.2.1 培训指导的要点、方法和注意事项

4 比 重 表

4.1 理论知识

项目		初级（%）	中级（%）	高级（%）	技师（%）	高级技师（%）
基本要求	职业道德	5	5	5	5	5
	基础知识	15	15	10	10	10
相关知识	安全防护	20	15	—	—	—
	巡视检查	30	15	—	—	—
	倒闸操作	30	20	15	—	—
	故障处理	—	15	20	15	15
	设备检修维护	—	15	30	—	—
	设备调试	—	—	20	—	—
	项目施工与验收	—	—	—	20	20
	培训指导	—	—	—	20	20
	技术管理	—	—	—	30	30
合计		100	100	100	100	100

4.2 技能操作

项目		初级(%)	中级(%)	高级(%)	技师(%)	高级技师(%)
技能要求	安全防护	30	20	—	—	—
	巡视检查	30	15	—	—	—
	倒闸操作	40	20	20	—	—
	故障处理	—	25	20	20	20
	设备检修维护	—	20	30	—	—
	设备调试	—	—	30	—	—
	项目施工与验收	—	—	—	30	20
	培训指导	—	—	—	20	30
	技术管理	—	—	—	30	30
合计		100	100	100	100	100